W9-BQS-401

POEMARIO: ENTRE LA OSCURIDAD Y EL RECUERDO

PABLO E. CERMEÑO CERVERA

SEGUNDA EDICIÓN

Copyright © 2017 Pablo E. Cermeño Cervera

PRIMERA EDICIÓN: JULIO 2015

Diseño de portada:

Pablo E. Cermeño Cervera

Todos los derechos reservados.

ISBN: 1979447578
ISBN-13: 978-1979447577

DEDICATORIA

Para Sandra, mi compañera de vida.

CONTENIDOS

SOBRE ESTE POEMARIO

Este poemario es una recopilación de varios de los momentos más intensos de mi vida. No ha sido fácil pasar por ellos, pero ha sido un gran viaje. Lo que ahora ven plasmado, en letras, ha sido escrito con pasión y con melancolía. Entre el frío y la noche, he encontrado a mi compañera de vida y el libro cuenta cómo, finalmente, llegué a ella. Espero que les guste.

DESPERTAR

Cuanto tiempo sin verte, pensé hoy al despertar y mirar por la ventana a mi jardín. Más de un año de ausencia, hace un mes te eché un vistazo y fuiste tan diferente, eras gris con pardos tristes y verdes muertos, la lluvia estuvo más seca que nunca y el frío tan crónico que ya era parte de mí.

No eras más que las ruinas de lo que fue mi niñez, y una vez fuiste mi adicción. Pero fui yo quien te dejó ir. Sin quererlo te hice a un lado por ese poquito de sensaciones nuevas que comenzaron a invadir mi vida. Contigo se fue gran parte de mí, ya no estaba más ese reír porque la vida es buena y porque lo bueno es bello, sino que ahora estaba ese buscar algo más para poder soltar una carcajada y con ese 'algo más' una serie de sofisticaciones nuevas que terminaron por desvirtuar toda la esencia de lo puro y lo sencillo.

1

Estrategias fallidas las mías por buscar un pedazo de vida en ese estrecho pasaje sin fin que no hizo más que sincronizarme con aquellas campanadas que jamás escuché. He dejado que la costumbre se apodere de mis ratos libres y que lo monótono se convierta en parte de mis tantas cosas por hacer.

No podemos dejar que lo que hacemos se convierta en el todo, pues es así que nos vamos quedando sin nada. Si no cultivas las cosas que tienes, se marchitan y mueren, muchas veces para no volver jamás.

Hoy desperté con ese resplandor del sol que te dice que todo va a estar bien y que nada ha cambiado, que tú sigues siendo el mismo y que todo fue un mal sueño. Hoy el frío se pierde con lo templado de la vida que le das a mis mañanas. Hoy el gris y el pardo son solo manchas en mis lentes, y la lluvia y sol caen para darle color al cielo. Hoy cantaron los canarios del jardín, esos que nunca había visto y que le dieron vida a mi mañana.

Pero hoy no todo fue soleado, y como podía serlo si deje tanto, y me perdí de cuanto más. Hoy tuve que llorar esas cosas que no lloré en su momento y que ahora dolieron más aún. Hoy mi llanto no sirve de nada pues hay cosas que ya no tienen arreglo y que no debí dejar que pasaran.

Pero suerte tengo de poder llorarlas, sé así que no he muerto del todo, pues cuando el corazón se acostumbra a olvidar es que ya no hay arreglo. Hoy en mi noche miro al cielo y encuentro paz en lo infinito de tu tranquilidad y alegría en esa luna q tuve la suerte de encontrar.

MADRID, AYER Y HOY

No tan cerca nos espera Madrid

Con su inconfundible acento

Y con todo su 'nuevo mundo'

Estos días

Las posibilidades

Mis nuevas horas

Vuela a tu ritmo

No hay rastro, no hay rumbo

Bajaste en la esquina

Madrid te espera

Allá es fácil encontrarnos

Pero te espera a ti

Yo voy a Madrid

A encontrar lo mío

Nunca está de más un hola

Tú vas, yo voy

No nos espera

Yo bajé tres cuadras después

Mis ojos son marrones

Te cuento

Los tuyos verdes, lo supe

Pareja, ¡esos dos!

Lindos, ¿no?

Ya sabré

Madrid

Te mandaré fotos

Me cuentas como te fue.

HE DESCUBIERTO CONTIGO
(OTRAS FORMAS DE VIVIR)

Quiero escapar al monte

Al campo abierto sin salir de aquí

Quiero acercarme hacia el río

Soñar canciones junto al mes de abril

Quiero que sepas talento

Que he descubierto que no te tengo

Quiero que sepas despierto

Que estoy camino detrás de ti.

Quiero volar en globos

Soñar sin tiempos y reír sin ti

He descubierto contigo

Otras formas de vivir

Solo con mi tetera

De agua caliente sin emoliente

Solo cantando en el río

De frente al viento por sonreír.

Quiero comer mantequilla

De la amarilla, no la de maní

Quiero sentarme en cuclillas

Y ver sonrisas desde el jardín

Quiero salir a escondidas

De aquel silencio que no me deja

Quiero subir el volumen

De las historias por descubrir.

SUAVES Y ENTRECORTADOS

Pueden llover suspiros de sueños

Que ya no vuelan

Y caen en fondo púrpura

Algo pardo

Como un buen malbec

Uno argentino

Pueden llover esta noche

Que no hay viento

Solo el calor de suspiros

Detrás del tiempo

Detenidos,

En horas punta

Suaves y entrecortados

Y el reloj de la cocina

Ojalá marcara las nueve de la noche

De 1992,

Después de una tarde de piano

Que no aprendí a tocar

Jamás

De mis siete años, de antaño

De Barcelona 92

Y un domingo de mini olimpiada en mi colegio

De ver a mi madre feliz en el jardín

Todos los días

Y mi padre caminando con ella

De la mano

Una copa de vino vacía

Con tus labios marcados

En esta noche, en un jardín prestado

Y tu silla vacía por si vienes

O por si viene alguien más

A llenar la copa

De suspiros nuevos

Completos

Suaves y entrecortados.

AYER FUISTE MI FUTURO
(HOY PUDE REÍR AL VERTE)

Hoy he visto mi pasado

Hoy he visto mi futuro

Y hoy he visto mi presente

Hoy las heridas curan

Sé que las cosas pasan

Y hoy sé que uno sana

Hoy pude reír al verte

Pues el invierno mató al orgullo

Hoy pude bromear al verte

Pues el cariño mató al recuerdo

Hoy lo sentí todo nuevo

Te conocí por segunda vez

Lo que ayer fue, murió en primavera

Y lo que hay hoy espero nunca muera

Es así que no habrá más inviernos

Es así que morirán los recuerdos

Y, es que todo es tan nuevo

Y, es que tú y yo somos otros

Y, es que esos son sus recuerdos

Los que murieron con ella

Que vivirán en mi mente

Y que vivirán por siempre

Hoy te he visto en mi pasado

Ayer fuiste mi futuro

Y siempre te tendré presente.

NEVERLAND

Si el gris del invierno no invadiera nuestras vidas
Si el frío no nos quitara las ganas de jugar
Si aún pudiera creer que no hay fronteras
Y que las brujas vuelan y que vienen y que van

¿Por qué la gente crece?, y no digo q este mal
Pero ¿por qué crecen y olvidan?
Y ¿por qué los sueños se van?
¿Qué pasó con esa magia?
Y con las ganas de volar

A dónde fueron los castillos, a donde las espadas
A dónde los magos, las princesas, los dragones

A dónde las sirenas, a donde Peter Pan

¿A dónde fueron?, me pregunto

Y ¿algún día volverán?

Ingenuo yo que siendo niño me permití crecer

Ingenuo pues no pensé crecer y olvidar

No pensé bajar de mi dragón

Ni olvidar a mi princesa en el castillo

No pensé crecer y sentir frío

Pues no pensé olvidar

¡Pero crecer es bueno, eh!

La cuestión es no cambiar

Y no es tan difícil

Es tan solo no creerte algo q no eres

Sino creer que puedes ser todo lo que quieras

Y hacerlo realidad

Y es solo así que seguirás siendo niño

Viviendo tus sueños y haciéndolos realidad

Nunca nada es imposible si lo sueñas

Si lo sueñas y lo tratas de alcanzar.

Es así que yo aún soy un niño

Y aunque cada día me cuesta más

Aún lo soy

Y perdón por no seguir escribiendo

Pero debo regresar a mi castillo

Y salir con mi sirena a nadar.

ANOCHE SOÑÉ UNA FANTASÍA

Anoche soñé despierto, sonrisas

Y unos ojos que miran de noche

Con tulipanes, tulipanes tuyos

Y sabor de dos, de vida contenta

Soñé el amor, el que no se sueña

El beso que es peligroso, intenso

En el olvido del puro recuerdo

Para crear recuerdos nuevos, puros

Mi sueño, una vida sin despertar

De la fragancia del mar y de amar

Y conversar por horas, con tus labios

Escribir la sonrisa de tu boca

Y si, mirar mi vida con tus ojos

Anoche soñé una fantasía.

HE PASADO CAFÉ

Mañana será un lindo día

Despertar

Que hoy ha sido una bella noche

De Luna

Despierta

Que hoy alumbra el sol

La mañana

Y hay pan fresco

Y canta el ruiseñor

Despierta

Que el jazmín está en la ventana

Y el perfume rosa tu piel

Sabrosa. Ven

Que he pasado café

Sentémonos en la mesa

Con flores frescas

Del jardín

De la belleza

De tus ojos

Sentémonos a comer

Dos besos

De amor eterno

Del silencio

De los dos

Gritemos al mundo entero

Que hoy es hoy

Y por ti muero

Y no hay mañana sin duelo

Si no estamos los dos.

SIN TI

Noche de noche a mi costado

Sendero de otoño marchito y con frío

Caminar contigo y de noche caminar

Caminar con frío

Contigo y un eterno suspiro de ausencia

Con un despertar que embarga tus besos

En la distancia eterna del pasar los días

Sin ti

Con tu sabor a medias

Despertar contigo.

EL SILENCIO DE UN OLVIDO

El frío de estar solo no se puede abrigar

La mirada que no mira congela los sentidos

Y quedas dormido

Quedas despierto

Un sonar de silencios

El frío de estar solo, en la mañana

A las seis de la mañana

El frío del silencio

La palabra que no habla

El gesto que no toca

El frío del silencio, la mirada al costado

La ventana q no abre, esta fría

Afuera llueve

Los hombres grises caminan apurados

A las seis de la mañana

El paraguas tapa los rostros

El frío no se ve

Pero te mira

Y te dice q estás solo

El frío del silencio, la nostalgia que camina

El frío del silencio, de la mirada extraña

El frío del silencio, el perdón que llega tarde

La dirección equivocada.

A las seis de la mañana

El silencio de un olvido.

CUANDO ME VAYA

Cuando me vaya, yo mismo lloraré mi partida
Pues tu ausencia dejará de ser solo tuya
Y el jazmín soplará en silencio por otro sendero
En susurros, lentos con el viento muerto.

Un otoño marchito dejará el camino seco
Sin rastro alguno para el regreso
Para perderme y no volver a soñar por la mañana
Y no volver a soñar por la noche, ni la tarde.

Con la maleta llena de pena y llanto, partiré
Y sabrás que me he ido, por primera vez
Lejos de todo, a tu costado. Al olvido.

Cuando me vaya todo habrá terminado

Todo será más sencillo, como si no hubiera existido

Ni jamás amado, ni jamás soñado.

TODO ESTARÁ BIEN

Si las cosas no resultan bien, sabré

Miraré en busca de un atardecer

Remaré en busca de agua calma

Y te juro que todo estará bien

Te veré después desde aquel jardín

O preguntare por ti, cómo te fue

Sabré que estas bien, que eres feliz

Y sonreiré, todo estará bien

Recordaré como se hace el pan

Y compraré café y mantequilla

Alguna vez tomaremos un lonche

Me pondré un traje de color azul

para verme bien con la noche fría

Y te juro que todo estará bien.

Y MIRAR UN CIELO SIN ESTRELLAS

Algunas veces el cielo se pone oscuro

Donde no alumbran las hadas

Y el mirar de frente es torturar el olvido

Que el mar es frío de noche

Y despertar es algo sin sentido

Quiero cerrar los ojos por la mañana

Y por la tarde seguir dormido

Que no tengo mantas conmigo

Y prefiero dormir a sentir frio.

Ya no quiero soñar

Jamás

Quiero cerrar los ojos por la noche

Y dejar de dormir despierto.

Quiero cantar el silencio sin moverme

Y mirar un cielo sin estrellas,

Desde mi último lugar.

Quiero respirar la paz del olvido

Con un sermón en ramo de flores

Y el olor a café caliente en el frio

Quiero verlos vestidos de traje,

Que sea uno fino.

NOTAS DEL RELOJ QUE SUENA

Notas escritas en el tiempo

Notas del reloj que suena

Sonidos compuestos con fragancia

De intensidad entre dormida.

Notas escritas en el viento

Notas que se van con el recuerdo

Estrellas de intensidad despierta

De un mar que vive sin arena.

Segundos lentos de percusión sin tiempo

Segundos de viento, extenso

Segundos del reloj que suena

Segundos que no vienen sin terceros.

Notas de la pasión de mi existencia

Notas en tinta china

Del tatuaje de mi brazo derecho

Que desapareció con el viento.

EL SUSPIRO DEL SILENCIO

Algunas veces

las estrellas son estrellas de mar

Y la luna alumbra, en la oscuridad,

tan solo el llanto

Hacia el mar adentro,

en lo profundo de un dolor eterno

Entre suspiros del viento vacío

Que hace conmigo un buen monólogo

Y el olvido de un adiós que se aleja de a pocos.

Sin apuros.

Algunas veces el dolor juega conmigo

Y se esconde detrás de mis ojos

Para que no lo vea, para estar a mi lado

Y se esconde mal por la mañana,

y me despierta

Y me lleva a la cama religiosamente,

Con un buen beso de buenas noches.

Y mi suspiro es

El suspiro del silencio.

LO ROMPISTE TÚ TAMBIÉN

¿Cómo estamos hoy Lima?

Pan francés y mantequilla en la mesa

El café con sabor a mamá

Y tortillas con queso

Qué bonita mañana la de hoy

Sol por la ventana y las sillas en su sitio

Algo de 'mañanas' quedan

De los tiempos de ayer

De antaño. De mi San Borja querida,

De la Lima que fue mía por un tiempo

¿Recuerdas?

Fue la Lima de ayer

Mi querida Lima de hoy

Fue la Lima de ayer
Querida.

Me rescatas por las noches
Con suspiros,
En sueños
De respirarte y sentirte
De soñarte y amarte
Con los ojos cerrados
En cada rincón del jardín
Y el árbol de pacaes
Y el árbol de granadas
Y los gallos de pelea
De olvidarte
De añorarte y recordarte
Y de mirarte una última vez
Por la ventana de mi cuarto a oscuras
En la calma de la noche y estrellas
Y el agua de la alberca calma
En azul
En un azul oscuro y fresco
Del verano que olvidé ayer en el llanto
De la sonrisa perdida en la almohada

Del sutil odio que me invade el verte sola

Con extraños contigo

El adiós inminente

Mi Lima bella estabas escondida

Se fueron las dos juntas

Felicidad me rompió el corazón, eh

Dejó una carta bajo la puerta

Sin mucho sentido,

garabatos

Y una bolsita de lágrimas

Con instrucciones para usar.

Te fuiste con ella,

Mi Lima bella

Pero tú un poco antes

Y con una parte de mi corazón

Quisiste sentir por primera vez

Sola,

Sin mí

Y con un corazón de verdad

Saber lo que es sangrar

Saber lo que es morir

En todo caso,

Lo rompiste tú también.

Y QUIZÁ

Hola te digo, querida

Que he venido sin despedida

Para acá poder tener una

Si no me das la bienvenida

Hola te digo, mi mujer

Y quizá no me respondas

Que hace tanto me diste un final

Y yo soy tu final del olvido

Yo tengo que ver en tus ojos

Y mirar si es que tengo frío

Tengo que ver al final

Para ver si guardaste mi abrigo

Quiero sembrar mil besos

Y tenerlos en la despensa

Quiero saber un lugar

Sin cosechar un beso partido.

MI GRAN COMPAÑERA
(YA ME CANSÉ DE TUS BESOS VACÍOS)

Siempre termino lejos del destino

Y el camino no deja de andar

Pues mi consuelo es dormir contigo

Y reír, vivos, querida Soledad

Cuantos caminos llenos de destinos

Y primaveras de corte militar

Canta conmigo querida teatrera

En nuestro aniversario, Soledad

Tan distinta a todas las mujeres

Tú no quieres jamás darme un final

Quizá ya es momento de pensarlo

Mi gran compañera, ya no puedo más
Ya me cansé de tus besos vacíos
Y Soledad, ya soñé con terminar.

COMO LAS MARGARITAS
(SE MARCHITAN)

Hoy veo, siento, canto y lloro

Hoy crezco, pienso, busco y salto

Yo sé que hoy estoy viviendo.

Y que más tarde estaré muriendo.

Creo en el mar,

En una sonrisa

En la brisa que abriga el llanto pasajero.

Creo en mis ojos,

En que alguna vez van a encontrar,

Que ver.

Creo en la primavera,

Llena de flores frescas

Llena de besos, de primera.

Hoy veo, siento, canto y lloro

Hoy crezco, pienso, busco y salto

Yo beso por la mañana,

A Soledad que ya me acompaña.

Eterno amor,

De una sonrisa

En la dicha o desdicha de un destino ya tan muerto.

Besos de miel,

De solo un atardecer

Hoy se te dan,

Mañana se olvidan

Como las margaritas,

Se marchitan.

PENÉLOPE

Penélope canta con su chompa a cuadros verde
Y de lejos Penélope mira a través de mis lentes
Y Penélope canta y Penélope mira
Y Penélope baila en la cocina

Penélope viaja entre amores de noche
Y Penélope besa mis sueños de día
Y Penélope encanta y Penélope es fría
Y Penélope ríe desde la sombrilla

Penélope resuelve un final desde el hola
Y Penélope es mía y Penélope es fría
Y Penélope llora y el amor se enfría

Y Penélope es fría y Penélope es mía

Penélope besa a sus amores de noche

Y yo busco un beso, si quiera de día

Y Penélope ríe y Penélope es mía

Y Penélope llora y el amor se enfría

Y Penélope es fría

Y Penélope es mía.

Y QUIZÁ SONREÍR

Como el mar, las estrellas son tuyas

Yo te las regalo en cada verso

Para que te alumbren por la noche

Y que las olas arrullen tus sueños

Con sabor de mi sangre van mis cartas

Y tu viaje con dolor de mi pecho

Duro en el silencio de la noche

Y al despertar de los días, duro

De colores me viste tu sonrisa

Cuando cierro los ojos y te veo

Cuando me disfrazo de fantasía

Anoche soñé con soñar de nuevo

Poder ver todo con ojos de niño

Y sentir, y dormir, y quizá sonreír.

ETERNA PRINCESA

La soledad contigo soledad

Es el sabor de tus besos

Pálidos a mi entender

Parcos con tu bondad

Tercos a mi querer, soledad.

El sonido del tiempo se detiene

Han pasado los años

En días tuertos

Cargando tu peso soledad

Cantando tu nombre en soledad.

He vivido contigo, eterna princesa

Dormido, despertando y sin soñar

No hay recuerdos sin ti, soledad

Tú no tocas el timbre

Me esperas en el sofá.

Me has escrito tres guiones de vida,

Preciosa

Con lápiz para borrar

Y cambiar los versos posibles, hermosa

Por si nos vienen a visitar.

Es que me quieres tanto, mi vida

No sé por dónde empezar

Mi polo sin cuello es plomo, cariño

El que compramos ayer, soledad

Morado antes.

Es hora de terminar. Soledad.

¿ADÓNDE SE FUERON LOS GIGANTES?

¿Adónde se fueron los gigantes?

Se llevaron la alegría

¿Dónde se van los gigantes?

¿Dónde queda la alegría?

Ahora quedamos nosotros

Somos los desprotegidos

Porque esta noche no hay gigantes

No hay gigantes ni alegrías

Ya no hay sombra que nos cuide

Y tampoco hay luz del día

Esos días fueron gloria, nunca anochecía

Ahora tengo que prender las velas,

Para poder comer,

Para no tropezarme,

Con los recuerdos de ayer.

HAY MALBEC Y ACEITE DE OLIVA

Es marzo por la mañana,

Querida

De noche, noche negra y con viento

Ven

Sal a caminar conmigo por la terraza

Coge mi mano, que es de noche,

Que es de noche, querida.

Y hay viento.

Ven

Coge mi mano, mira con mis ojos

Que es de noche, querida

Que es de noche

Y hay viento.

Vamos a caminar por la playa

Alguno de estos jueves

Que hay muchos este mes

Y hoy he comprado manzanas

Y tomates frescos

Vamos a navegar con el viento

Que hay malbec y aceite de oliva

Vamos juntos querida

A comprar pan por la tarde

Y amor por la noche

Vamos al amanecer de tus ojos

Que miran el amanecer de mañana

En cama hasta las nueve

Con tu pelo en mis manos

Con tu rostro en mi pecho

Duerme conmigo, querida

Y despierta mañana, tapada

Y cuando quieras despierta

Que Joaquín corre conmigo

Y Camila aun duerme.

Sueña dormida, mi vida

Que yo sueño al verte dormir

A tus ojos calmos

Y a tus labios bellos

Sueño contigo, querida

Todo el tiempo

Con tus ojos míos

Y tus besos lentos

Sueño contigo, mi vida

Despertar a tu lado

Sueño contigo querida

Algún día

Despertar

Y no tener que soñar

Sueño contigo, mi vida

Y el viento y el mar

Nos vemos allá.

PARA SANDRA, CON AMOR

Puedo escribir el poema más bello pensando en tu
sonrisa
Y dormir con tus ojos de noche, cuidándote.

Puedo pasar días pensando en tus labios, mi niña
Y crear un verso aún más hermoso.

Puedo entregarte mi corazón en versos
Y escribir los latidos de amor al saberte conmigo.

Puedo intentar retratar tu belleza en lengua romance
Y todo eso quedaría corto de mi puño y letra.

Que para ti ofrezco un mejor Pablo

Para ti solo Pablo Neruda.

ENTRE LA OSCURIDAD Y EL RECUERDO

Te amo con la locura que nos une y resuena aún a la
distancia
Mirándote y nunca lejos de tus ojos, por si buscas mi
sonrisa
Te amo con dulzura y el color naranja que engríen tu
ternura,
Llena de frescor, como la lluvia sobre el carbón que
se incendia.

Yo te amo como el mar o el río, que no se detienen
con las piedras,
Y jamás se esconden, van directos y fuertes, forjando

su destino

Te amo con pasión y con melancolía, como se ama de verdad,

En los tiempos buenos y en aquellos tiempos malos, equívocos.

Y aun así te he amado en silencio, entre la oscuridad y el recuerdo

Como la flor de begonia que crece en la sombra y florece.

Con el amor y el suspiro, soñando con este exacto momento.

La pasión conocerá su nombre al verse en este soneto del alma

Y cuando el viento enamore al jazmín, lo llevará en su viaje

Cantándole cada mañana mis palabras de amor por ti.

SUPONGO QUE MORIR NO ESTARÁ MAL

¿Y qué vamos a hacer ahora?

Supongo que morir no estará mal

Hemos despertado juntos cada mañana

Y los niños saltan sobre el sofá

Crecimos como quisimos

Dando un paso a la vez

Y tropezando juntos

Tantas veces me viste sonreír

Y otras tantas llorar

Y cuantas veces te arrope en la noche

Logramos lo que quisimos

Unas veces fue difícil

Y otras más aún

Y aun así estamos acá

Conversando de ayer

Y viendo los pasos que dejamos

Sobre la noche,

Sobre la tarde y la mañana

En el azul del mar

Y en el amor de dos

¿Qué toca ahora?

Supongo que morir no estará mal

Ya escribimos las historias más bonitas

Y hemos hecho las cosas que quisimos

Juntos.

¿Qué más?

Que morir contigo

Y vivir una vez más.

A veces, cuando menos lo esperas, también puedes
ser feliz.

SOBRE EL AUTOR

Pablo E. Cermeño Cervera es un médico nacido en
Lima, Perú (1985) que desde siempre ha estado
interesado en el arte y la pintura. Cuando entró a la
escuela de medicina, por motivos de tiempo, dejó de
pintar y comenzó a escribir poemas. Éste libro es el
resultado de eso. Luego escribió "Norma", la primera
novela del nuevo universo de suspenso que el autor
está creando.

Made in United States
Orlando, FL
14 February 2022

14813419R00045